Mario Ponti

Storia di una rinascita

Elisabetta Turano

La malattia non è un limite: è così che inizia il meraviglioso racconto di vita che Mario Ponti condivide nell'intervista rilasciata a Elisabetta Turano.

Le parole di Mario, ex noto calciatore del Genoa che all'età di 43 anni scopre di essere affetto da sclerosi multipla, sono rivelatrici di autentica forza e sensibile intelligenza. Il sentimento di smarrimento iniziale causato dall'arrivo della malattia si tramuta in una nuova consapevolezza di sé e del mondo circostante che però non sempre appare essere consapevole dei limiti di cui è esso stesso ideatore.

Le barriere architettoniche esistono, e non solo nei luoghi pubblici, ma anche nei luoghi della nostra mente. La malattia è un tabù da infrangere! La malattia ridefinisce l'esistenza, ricreandone una nuova condizione, ma non ne annulla l'essenza.

L'amore si mostra come sempre chiave di successo ed ingrediente essenziale per la realizzazione del processo di resilienza che lo stesso Mario ha ammirevolmente messo in atto. Le parole di Laura, sua compagna, si rivelano nella loro più autentica naturalezza e infinita bellezza, definendo la malattia come un'esperienza di vita e non come un mostro da combattere. E lei ha scelto di vivere una nuova esperienza con Mario, felice così di infrangere quei pregiudizi che limitano gli orizzonti della mente umana.

La vita non è una diagnosi ... grazie Mario!

Marciano Famiglietti

MARIO PONTI

"La malattia non è un limite". Mario Ponti mi accoglie con questo importante messaggio ed un sereno sorriso, prima di raccontarmi la sua personale esperienza.

E' sempre un grande passo avanti, nella vita di ognuno di noi, riuscire a concentrare l'attenzione su ciò che abbiamo e non su quello che manca. La capacità di reagire senza soccombere, per quanto difficile sia, è il primo grande successo in qualsiasi lotta quotidiana. Il pensiero vincente è come il vento, sorvola ostacoli e barriere e procede inesorabilmente verso la sua rotta. Così è la passione di Mario come si può evincere dalla lettura dei seguenti articoli

Ponti (ex Genoa) in carrozzina con la sclerosi:

'Morirò su un campo di calcio'

22 gennaio alle 16:08

La Repubblica dedica un articolo a **Mario Ponti**: 50 anni, ex Genoa, due anni fa da allenatore ha portato in Promozione il Pegli, che ora dirige come direttore sportivo in carrozzina. "**In panchina con la sclerosi, morirò su un campo di calcio.** Ringrazio gli arbitri se mi espellono trattandomi come gli altri, nessun problema, metto in moto lo scooterino ed esco".

Scritto da Simone Maggi

Giovedì 27 Marzo 2014 19:00

Quando si parla di passione subito viene in mente un tipo di amore viscerale, passione nel significato comune spesso è associato ad un amore estremo verso un qualcosa per cui si darebbe anche la vita. La passione per il calcio, ad esempio, è quel sentimento che fa mettere il vivere questo sport prima di tutto, il porre le problematiche legate ad esso davanti a qualsiasi cosa. Quante volte noi appassionati di calcio abbiamo detto frasi del tipo: 'darei la vita per il calcio', salvo poi che magari questo 'dare la vita' si limiti a certamente grandi sacrifici, ma nulla paragonabile al significato intrinseco di ciò che è stato detto.

Eppure sui nostri campi c'è qualcuno che la vita la sta dando per il calcio, e che probabilmente la finirà anche su un campo da gioco dopo che la sua stessa vita proprio su di un rettangolo verde gli abbia dato la più grande delle soddisfazioni: esordire in Serie A con la maglia della squadra di cui da bambino era tifosissimo. Stiamo parlando di Mario Ponti. Una vita spesa per il calcio, di sicuro quando si parla di lui locuzione non potrebbe essere più appropriata. Se fosse un film, la vita di Mario Ponti, inizierebbe forse il 24 Aprile del 1983, le immagini sarebbero un po' sbiadite, non certo quelle di sgargianti di oggi, e la pima scena verrebbe girata allo stadio Luigi Ferraris, partita: Genoa - Napoli, allenatore del Genoa: Gigi Simoni. Da una parte Peters, Fiorini e Onofri, dall'altra Ramon Diaz, Krol e quel Castellini che solo un anno prima diede inizio alo splendido gemellaggio tra genoani e partenopei. In mezzo a tutti quei campioni un 19enne genovese e genoano che viene mandato in campo per l'esordio ufficiale in Serie A, un giorno indimenticabile per la vita di ogni calciatore. Persino uno come Maradona, che è il più forte di tutti i tempi, il giorno del suo esordio se lo ricorda eccome, forse di più del giorno in cui sollevò la Coppa del Mondo. Il calcio, però, come la vita è beffardo e quando ti porta in alto ci mette pochssimo a trascinarti in basso. Il servizio militare incombeva per il giovane centrocampista Mario Ponti e mister Simoni gli preferì per una questione di utilizzo a pieno servzio il promettente Stefano Eranio. Mario viene girato in Serie C, a farsi le ossa, e quella che sembrava una bella favola diventa subito una brutta storia perchè di lì a poco saltano i legamenti del ginocchio e la sua carriera prende una piega decisamente negativa perchè senza le tecnologie di oggi dopo qualche anno a cercare invano di ritornare nel giro professionistico arriva la decisione di trovarsi un lavoro e continuare a coltivare il sogno del calcio tra i dilettanti, perchè la passione se ce l'hai non ti lascia più per tutta la vita, e giocare in promozione diventa assolutamente uguale a giocare in Champion's.

Chi è centrocampista nel calcio sa cosa vuol dire prendere decisioni, sa cosa vuol dire correre per gli altri, sa cosa vuol dire farsi da parte perché quando vinci una partita la gloria se la prendono gli attaccanti, che segnano, o i portieri, che parano i rigori a tre minuti dalla fine. Un centrocampista lotta, sempre. E non si spaventa, mai. La vita di un centrocampista è la più terribile che ci sia, ma allo stesso tempo è quella che ti da più carattere, è quella che ti fa capire il valore dei piccoli gesti, il valore del lavoro oscuro, il mettersi sempre a disposizione dei tuoi compagni senza mai chiedere niente a loro. In quella grande metafora di vita che è il gioco del calcio, il centrocampista è il milite ignoto.

Così era Mario Ponti da giocatore e così è da uomo. Eh già, perché la vita non aveva ancora finito con lui. Gli aveva dato l'opportunità di coronare il suo sogno di calciatore e subito gliel'ha tolto. Ma per Mario non era stato un problema, un lavoro come ormeggiatore, e il resto della carriera a macinare kilometri sui campi dilettantistici. La vita come il calcio è beffarda, ribaltiamo la frase di prima, e qualche anno fa, alla soglia dei 50 anni ecco che dopo un esame all'Istituto Oncologico di Pavia gli viene diagnosticata la sclerosi multipla. Un colpo che avrebbe steso chiunque.

All'inizio dell'articolo abbiamo parlato del significato popolare del vocabolo 'passione', ma la sua derivazione etimologica viene dal greco 'pathos' che fondamentalmente vuol dire 'sofferenza, pena, travaglio'. La passione per il calcio di Mario Ponti è stata assolutamente una sofferenza così come quella per la vita. Eh sì, perchè prima di tutto la sua era la passione per la vita, perchè per reagire a una delusione, per ricominciare, per sorridere sempre anche davanti a quelle sfortune su cui non si può niente, ce ne vuole davvero tanta. Ma forse è proprio questo il segreto per sconfiggerla, la vita, cosa quasi impossibile: accettare e continuare a fare le cose come se niente fosse. Chi è un centrocampista, e quindi un lottatore, sa esattamente cosa vuol dire. E infatti Mario Ponti, dove tanti si sarebbero fermati ha voluto andare avanti come se niente fosse. Ci vuole davvero tanto coraggio, ma se passione vuol dire sofferenza, per coltivarne una ci vuole davvero solo questo: il coraggio. Il sorriso sempre sulle labbra, le difficoltà della vita, della sua di vita, accettate, la voglia di lottare anche contro un avversario terribile.

'Morirò su un campo da calcio' è la splendida frase che riassume tutto quello che è Mario Ponti, un grande lottatore prima ancora che un grande uomo, una di quelle persone, davvero, da prendere come esempio.

I calciatori Demetrio Albertini, Mario Ponti e Regina Baresi in Cascina Triulza domani, 9 ottobre

Testimonial del Padiglione della Società Civile di Expo Milano 2015 per promuovere l'inclusione delle persone con disabilità e un corretto stile di vita per tutti

Venerdì 9 ottobre Demetrio Albertini, Mario Ponti e Regina Baresi saranno ospiti di Cascina Triulza per promuovere l'inclusione delle persone con disabilità e un corretto stile di vita per tutti. Alle ore 11 i milanisti Demetrio Albertini e Daniele Massaro accompagneranno Mario Ponti, ex calciatore del Genoa in Serie A (stagione 1982-83) e oggi affetto da sclerosi multipla, diventato un simbolo di tenacia e voglia di vivere nonostante la sua disabilità. Alle 17.30, invece, Regina Baresi e undici atlete di una delle squadre giovanili dell'Inter Femminile testimonieranno l'importanza dello sport nella promozione di corretti stili di vita per tutti e nell'inclusione delle persone, senza distinzione di sesso, età o colore della pelle. Regina, attaccante dell'Inter Femminile e figlia dell'ex difensore dell'Inter maschile Beppe Baresi, è l'ambassador per l'Italia e la prima sportiva donna testimonial del

13

videogioco FIFA2016. Le atlete "palleggeranno" davanti al pubblico nel campo di calcio di Cascina Triulza che ospita i mondiali di Expo.

CASCINA TRIULZA

OLTRE A CIO' CHE HAI
PERSO
C'E' QUEL CHE
TROVERAI,
OLTRE AD OGNI FINE
C'E' ANCORA UN ALTRO
INIZIO.
AL DI LA' DI TUTTO

Ho conosciuto Mario durante un tiepido pomeriggio di fine estate proprio quando il sole era tornato a brillare, dopo un improvviso temporale, sulle onde del mare e sulla spiaggia di Arenzano, (alle porte di Genova) dove l'ex calciatore vive.

Ci siamo trovati al bar del Lido Europa, Mario ci ha accolti come se ci conoscessimo da tanti anni. Tra un caffè e la curiosità di raccontarci e ascoltarci, inizia il nostro dialogo. Ecco cosa dice Mario:

"La mia malattia è la sclerosi multipla e si è manifestata all'età di 43 anni, ma io credo che i primi sintomi siano comparsi sette o otto anni prima., quando facevo fatica a muovere un ginocchio. Dopo varie indagini ed esami clinici, la rivelazione è avvenuta da parte di un medico il quale mi ha detto espressamente e con aria serafica:"Ho due belle notizie per te, una bella e una brutta. Quella bella è che non morirai, quella brutta è che hai la sclerosi multipla. Noi, però, siamo come una macchina con quattro ruote,si è bucata solo una.. Dopo i momenti di smarrimento iniziale, ho cercato sempre di razionalizzare e di considerare questo mutamento della mia vita non come un limite ma come un nuovo modo di pensare e, naturalmente, di "vivere" .

Nel frattempo arriva il mio caffè, il sole è ancora caldo e l'atmosfera estiva diventa complice della spensieratezza della vita anche in situazione di disagio. In realtà, Mario con la sua tranquillità, mi suggerisce che la "vita non è una diagnosi", mentre continua il suo racconto.

"Prima lavoravo come ormeggiatore presso il porto di Arenzano, adesso ho un lavoro come impiegato. La mia vita non si è fermata dopo la diagnosi sulla mia malattia. La mia più grande passione è sempre stata quella del calcio. Ricordo volentieri il mio passato di calciatore: ho giocato presso la squadra del Genoa in serie A dagli anni 80 agli anni 90 e ho smesso di giocare nel 1997.

Adesso voglio ancora seguire le partite di calcio, ma le strutture ancora in Italia non sono adeguate alle esigenze delle persone disabili .Ad esempio, allo stadio di Genova è impossibile sedersi! Inoltre, i parcheggi riservati ai disabili spesso sono occupati abusivamente e per me, percorrere 5 metri è come camminare per 5 chilometri. Oltre alle carenze nelle strutture architettoniche, molte cose sono ancora sfavorevoli alle situazioni di svantaggio. Prima di tutto, la mancata assistenza da parte delle istituzioni sia dal punto di vista socio-assistenziale, sia da quello prettamente economico. Io personalmente non posso lamentarmi,perché percepisco un reddito come lavoratore..anche se (sorridiamo...) l'assegno di accompagnamento che mi è stato riconosciuto viene sommato al reddito di lavoro dipendente. Voglio ricordare quanto sia oneroso acquistare solamente i farmaci e le carrozzelle per spostarsi. C'è gente con il mio stesso problema che non può uscir di casa, in quanto non ha nessun mezzo per muoversi, né i soldi per acquistarlo...

Ci sono molte barriere da abbattere. Ad esempio, lo scorso anno sono stato invitato per la festa della "leva", dai miei amici. Naturalmente, loro avevano provveduto a prenotare l'evento presso una struttura apparentemente adeguata, ma in realtà per me è stato impossibile raggiungere il bagno. Addirittura una cameriera dall'aria arrogante mi ha proposto "... Se vuole, le posso portare il pappagallo"

-

LA SOLITUDINE NON E'
NEI DESERTI
MA NEI VOLTI DELLA
GENTE
CHE TI GUARDA MA
NON TI VEDE.

"Non importa- continua Mario - Io sono stato molto felice di aver rivisto i miei cari amici d'infanzia, tra momenti di allegria, nostalgia e commozione. L'aiuto dei veri amici è come il vento fresco nella calura estiva, è l'acqua che disseta i deserti della solitudine. I veri amici cercano di fare per te quello che conta.

"Per fortuna - continua Mario - non tutti sono indifferenti, ad esempio vorrei ringraziare la ditta

KIMGO di Vimercate per avermi regalato lo scooter elettrico.

Se ogni società di calcio riuscisse a mettere da parte qualcosa, chissà quante carrozzelle si potrebbero acquistare!

Nel frattempo ci raggiunge Laura, la sua compagna. Si avvicina con un sorriso che le illumina il volto. E' di una bellezza tipicamente ligure. Laura è molto felice di essere al fianco di un uomo come Mario, finalmente ha realizzato il suo sogno d'infanzia.

"Eravamo bambini, - incomincia a raccontare la donna - abbiamo frequentato insieme le colonie estive. Io ero molto timida e fragile, durante questa vacanza, spesso piangevo e non accettavo l'idea di essere lontana dai miei genitori. In realtà, mi allontanavo da casa per la prima volta. Mi sono pian piano invaghita di lui, forse avevo percepito la sua sensibilità. Gli anni passarono, nei miei desideri Mario era l'uomo della mia vita, ma non osavo avvicinarmi a lui. Lo sentivo lontano da me. Così, le nostre strade si separarono ma oggi siamo finalmente insieme , dopo aver dato l'addio ai nostri matrimoni . Io , di recente ho deciso di vivere insieme a lui, nonostante la gente comune consideri irrazionale la mia scelta di vivere al fianco di un uomo e con i suoi problemi. Secondo me, la malattia non è un mostro da combattere, ma un'esperienza di vita. Siamo ancora legati ai limiti di una mentalità che tende a identificare il successo dell'essere umano con l'apparenza e non con l'essenza. Addirittura molte persone mi chiedono se sia possibile avere una vita intima con un uomo affetto da tale patologia. Io sorrido, è assurdo...i limiti esistono nella nostra mente! "

Laura tende la sua mano verso quella di Mario per accarezzarla: le piccole cose sono capaci di rendere grande la vita e non esistono distanze quando le persone abitano nel cuore. Molta gente, invece, ha paura anche di amare, la paura è la più grave malattia.

"Quando curi una malattia puoi vincere o perdere, ma quando ti prendi cura di una persona vincerai per sempre" (P: ADAM)

I LIMITI ESISTONO SOLO NELLA NOSTRA MENTE

Prendo spunto da queste parole pronunciate da Mario per mettere il luce come siamo ancora lontani dal vero" pianeta dell'integrazione", non solo per chi è colpito da disabilità. La tendenza di molte persone è quella di far coincidere Il successo della vita con l'efficientismo, mentre esistono molti altri mondi per l'individuo. Le risorse più importanti, spesso sono nascoste , invisibili ma hanno un potere disarmante per debellare gli ostacoli del nostro cammino. E' proprio questo il caso di Mario, la sfida e non la resa!

LE PERSONE SPECIALI SONO COME I DIAMANTI BRILLANO DI PIU' QUANDO LE LUCI SONO SPENTE.

Mario è una persona speciale!

LE PERSONE SPECIALI
NON TEMONO GLI
INVERNI
PERCHE' HANNO
SEMPRE
I COLORI DELL'ESTATE
NEGLI OCCHI E NEL
CUORE.

SIATE MAESTOSO
TRONCO
E NON PALLIDA FOGLIA

CERCATE IL CORAGGIO
E NON LA PAURA

SIATE L'ORIGINALE
E MAI LA FOTOCOPIA.

La sclerosi multipla è una malattia autoimmune cronica che colpisce il sistema nervoso centrale causando un ampio spettro di segnali e sintomi.

E' stata individuata per la prima volta nel 1868.

La malattia colpisce le cellule nervose rendendo difficoltosa la comunicazione tra il cervello e il midollo spinale. Di solito, le cellule nervose trasmettono segnali elettrici attraverso lunghe fibre rivestite da una guaina mielinica. In chi è affetto da sclerosi multipla, le difese immunitarie attaccano e danneggiano la guaina mielinica.

Il nome della malattia deriva dalle cicatrici che si formano nella materia bianca del midollo spinale o del cervello.

La prognosi è difficile da prevedere e dipende da molti fattori.

Nel mondo si contano circa 25 milioni di persone con sclerosi multipla, di cui 600 mila in Europa e circa 75 mila in Italia. La distribuzione della malattia non è uniforme: è più diffusa nelle zone lontane dall'Equatore a clima temperato, in particolare Nord Europa, Stati Uniti, Emisfero oceanico. Può esordire ad ogni età della vita, ma è più facile diagnosticarla tra i venti e i quaranta. Risultano più colpite le donne rispetto agli uomini.

E' una malattia complessa e imprevedibile ma non riduce l'aspettativa di vita, infatti la media delle persone ammalate è paragonabile a quella della popolazione generale.

Lo scopo per cui Mario ha voluto essere protagonista di questo libro è molto importante non tanto per lui quanto per tutti coloro che vorranno ascoltare il suo messaggio:

LA MALATTIA NON E' UN LIMITE

Voglio riportare, a proposito, le riflessioni di Cristina Lymperi, una ragazza di Atene che ha vissuto molte esperienze, personali e familiari, a contatto con varie patologie:

"La gente pensa alla malattia come a qualcosa di negativo in assoluto. Sì. La malattia non è certamente una cosa positiva, ma può rivelarsi anche una sfida. Mi spiego meglio, la vita è difficile…è una lotta senza fine. Ogni persona, durante il viaggio della vita, cresce, cambia e si trasforma. Questo avviene tramite la gioia, i lutti, i pericoli: tutto ci fa diventare le persone che noi siamo. Una malattia può essere uno dei tanti ostacoli ch incontriamo. Certo, una malattia curabile aiuta le persone ad abbracciare una nuova filosofia della vita, a valutare e capire le vere priorità, a non sprecarsi per cose meno importanti come l'invidia e la falsità. Una malattia incurabile è una cosa insopportabile ma ancora può dare alla persona la possibilità di usare tutta la sua energia, tutta la sua forza per sorprendere la scienza e gli scienziati. A volte capita anche un miracolo che può sconfiggere la morte!"

SIATE LA SCELTA E MAI
LO SCARTO

SIATE CALCE ANCORA
FRESCA NELLA RUGGINE
DEL TEMPO

SIATE ACQUA SEMPRE
NUOVA NEL GREMBO
DELLA VITA.

GRAZIE ALLA MIA FAMIGLIA!

"Molte persone mi chiedono come mai riesco ad essere così forte - afferma con convinzione ed orgoglio Mario - se sono così, devo ringraziare i miei cari familiari che mi sono sempre molto vicini con un atteggiamento positivo. Forse non sarei mai stato l'uomo che sono se non avessi avuto dinnanzi a me l'immagine di mia madre paragonabile ad una roccia. Lei è la persona con la quale ho più contatti ed è la linfa vitale capace di alimentare la mia fierezza, la mia capacità di vivere ogni esperienza della vita quotidiana con serenità e senza abbracciare mai il ruolo della "vittima". Rimasta vedova da poco, mia madre non si è mai abbandonata allo sconforto ed io non l'ho mai vista versare una lacrima. Mio padre è venuto a mancare all'età di 78 anni e, fino ad allora, è riuscito a combattere contro varie patologie. Per me, lui è la grande quercia che mi indica sempre la strada vincente e non sarà mai sbiadito nella mia memoria il ricordo della sua voglia di reagire e non subire passivamente gli episodi spiacevoli della vita. Voglio ringraziare mio fratello e mia figlia, per il loro grande affetto, per aver capito come io "sono", per non avermi mai ostacolato nell'attuazione dei miei propositi e soprattutto per non avermi mai "compatito".

"Io sono per loro una persona normale, come sono convinto di esserlo in realtà. La nostra voglia di vivere nasce sempre dalla volontà di vincere: si gioca sempre su un campo! Io sono sempre in serie A, non nel mondo del calcio ma nel gioco misterioso della vita".

Il nostro atteggiamento di fronte ad ogni evento negativo della vita, in realtà, dipende da molti fattori: dal carattere, dall'atteggiamento delle persone accanto a noi, dalle condizioni socio-economiche dai giudizi e dai pregiudizi di una mentalità che tende ad identificare il successo con la perfezione e l'efficientismo.

In genere, le persone capaci di affrontare gli ostacoli cercano di impegnare le loro risorse per reagire, sfidare e modificare il proprio destino. A volte, si scopre proprio una forza nascosta dentro di noi, quella forza capace di prendere le redini della situazione e portarci in una dimensione sconosciuta per trovare nuove vie, nuove soluzioni e soprattutto un modo diverso di pensare.

Certo, ci sono nella vita alcuni momenti in cui il mondo intorno a noi sembra crollare, il sole pare oscurarsi nel nostro cammino, le cose perdono il valore e noi proviamo un senso di abbandono. Per fortuna, però, nulla è immutabile, tutto si evolve.

Come testimonia Mario, molti pazienti vogliono vivere la malattia in maniera consapevole per non esserne travolti, per non subire passivamente. E' sempre il paziente il protagonista nel percorso della sua patologia. Ogni individuo, ripeto, ha dentro di sé la forza di reagire, ma tale forza va stimolata, scoperta, incoraggiata.

La vita umana non si può ridurre a biologia e la terapia a chimica farmacologica.

Secondo l'esperienza di Mario, un atteggiamento positivo può rivelarsi un metodo potente per vivere meglio. E' molto importante mantenere il lavoro, proprio per poter mantenere attiva la nostra vita di relazioni.

E' molto pericoloso chiudersi in casa, evitare i contatti con il mondo, ripiegare nella solitudine e nell'isolamento.

Ogni cambiamento fa paura, anche quelli positivi a volte...figuriamoci quando si tratta di un evento traumatico come la malattia.

Da un momento all'altro perdiamo i nostri punti di riferimento, il contatto con la quotidianità, bruscamente interrotto soprattutto sia da una malattia, sia da altri eventi apparentemente traumatici. Ognuno di noi può sentirsi o diventare "diverso" in alcuni periodi della vita. Ci siamo creati un ruolo, un'immagine per noi e per gli altri, vorremmo essere sempre ignari delle sgradite sorprese. Da un momento all'altro uno di quei fili sottili che costituiscono la trama della nostra vita materiale può spezzarsi. Solo se si scopre la luce del nostro essere, al di là di tutto, riusciamo ad andare avanti.

Mi ricorderò sempre il racconto di un ragazzo non vedente conosciuto non molto tempo fa:

"Sono nato con gli occhi che non vedono, ma con l'anima che sa ascoltare e va oltre gli orizzonti che l'occhio umano può sfiorare. Sono nato cieco e non ho alcuna possibilità di conquistare la vista. Io vedo solo con gli occhi nascosti, la fantasia popola le mie visioni di colorate immagini. Ascolto e percepisco ogni sensazione, ogni emozione di chi mi sta vicino: può trattarsi di un uomo, di una pietra o di un gabbiano. Se qualcuno si avvicina a me, intuisco il suo stato d'animo dal rumore dei passi e dalla voce. A volte riesco persino a conoscere i suoi pensieri. Non sono poi così sfortunato: ho costruito giorno dopo giorno il mio mondo affascinante e misterioso. Quel mondo che solo io conosco e che mi parla, mi ascolta. Mi racconta come ogni essere vivente dovrebbe avere gli occhi per scrutare il mondo e gli uomini, conoscendone prima di tutto l'anima.

Anche tu, vedente,prova a chiudere gli occhi da sveglio e soffermati ad esplorare, curiosare e decifrare i messaggi colti nel buio. Capirai forse che il mondo esterno è popolato da bugie, da falsi miti. Se io , un giorno, dovessi per miracolo "vedere" forse potrei rimanere deluso o forse mi ritroverei dinnanzi a grandi magnifiche sorprese. Non potrò mai saperlo.

In tutti questi anni ho scoperto come accanto alla bontà, nell'uomo, esiste anche l'egoismo. Ora ti racconto l'episodio che ha scatenato la mia ira, il mio odio, la mia resistenza al perdono. Quando ero più giovane, spesso si recava in casa mia un signor di nome Leonard , era un collaboratore di mio padre. Le sue visite, all'inizio, mi furono indifferenti. Pian piano, però, il tono della sua voce incominciò a disturbarmi. Sentivo che questo signore mi guardava e mi compativa. Le sue parole non mi sembravano sincere, era falso. Lo sentivo.

Non dissi nulla a mio padre, in fondo era un suo collaboratore da anni.

Un giorno, ebbi la conferma dei miei sospetti.

Incominciò a parlarmi di un suo viaggio in America,descrivendo le meraviglie di certi posti..ma poi indugiò affermando quanto fosse inutile parlare con me di certe meraviglie visto che io non avrei potuto mai vederle e che forse le sue cescrizioni mi avrebbero solo messo in imbarazzo.

Questa era una pugnalata al mio lavoro di anni. Avevo fatto molta fatica ad accettare la mia diversità, forse aveva ragione lui: in fondo , la maggior parte di noi tende a far coincidere la felicità con il perfezionismo. Io lo odiai tanto, lo reputai un uomo insensibile e malvagio, certamente non degno di giudicare me.

Ora sono cresciuto e non avrei reagito allo stesso modo..ma quando un bambino con la sabbia e la sua fatica costruisce un castelli che gli altri vogliono distruggere, si arrabbia tanto!

Ora, ti ripeto, non è più così, ma all'epoca in cui quell'uomo pronunciò quelle parole, io ero molto preoccupato per il mio avvenire. Ero terrorizzato che, con la perdita dei miei genitori, nessuno avrebbe più pensato a me. Per fortuna non è così, non si deve mai perdere la speranza perché nel momento più buio si incontra qualcuno disposto ad indicarci il cammino verso il sole.

Anche per me è così: ho tanti amici veri e sono felice!"

Il protagonista di questo racconto, in realtà, ci fa capire come in ognuno di noi esistano aspetti positivi che devono essere coltivati. Lavorare su questo aspetto, incoraggiandone lo sviluppo, non significa chiudere gli occhi davanti al resto ma valorizzare al massimo ogni potenzialità emergente.

Come vuole fare Mario quando mi dice di voler continuare a lavorare, per sentirsi autonomo affidandosi a tutte le capacità del suo essere. Oltre a ciò che si perde, si ritrova sempre qualcos'atro.

Purtroppo, come sosteneva il ragazzo non vedente, come confermano Mario e Laura, la sua compagna il problema sono GLI ALTRI, pronti a giudicare, a dire di noi. Per fortuna, si vede come gli schemi convenzionali non abbiano mai fatto nascere talenti o far venire alla luce la creatività. Se non riusciamo ad esprimerci, i nostri talenti rimangono sempre mortificati.

Tanto persone non amano l'immagine di sé per essere

vittima di giudizi altrui e crescono afflitti da una serie di complessi come "il mio naso è troppo storto" "sono brutto" o "sono troppo vecchio".

La conquista della propria autostima è fondamentale per qualsiasi viaggio da noi intrapreso, ma diventa indispensabile nella lotta contro una malattia.

IL VENTO DISPERDE
VERSO IL MARE
LA PESANTEZZA DEI
NOSTRI PENSIERI
E LE OMBRE DELLA
PAURA.

"La nostra esistenza non sarà mai un'avventura senza ritorno, ma un viaggio verso il futuro. Non preoccupiamoci se non riusciamo a vincere l'Oscar della vita, l'importante è gioire nei momenti in cui viviamo."

Spesso rifletto su queste parole pronunciate da Mario Ponti durante il nostro incontro . Nella società attuale, si tende a consumare la vita inseguendo chimere, mete irraggiungibili, dimenticandosi di vivere gli attimi preziosi mentre fuggono e non ritornano più. Invece Mario mi ricorda l'importanza di valorizzare le piccole cose, i brevi ma intensi attimi vissuti con le persone care...dagli amici, alla madre, alla sua compagna Laura, alla giovane figlia.

Qualcuno, addirittura, osa mettere in dubbio la vita di relazione affettiva e intima di chi è affetto da una malattia come la sclerosi! Come a dire, chi sa tutte le risposte non si fa mai troppe domande. E' proprio vero, il progresso ha cancellato le pesanti fatiche primitive ma ha creato anime fragili propense a decollare ogni giorno per le mete più impensate ma pronte a crollare dinnanzi al coraggio di vivere. Anime che si rincorrono, in una corsa senza fine, verso le mete del benessere ma senza incontrarsi mai.

I nostri occhi non sempre riescono a vedere le insidie pronte minacciare la semplice gioia. A quale traguardo ci stiamo avvicinando? Forse a quello do consumare tutto troppo in fretta, anche l'amore?

L'Amore non ha confini, se doni tutto senza aspettarti nulla in cambio, riceverai più di quanto avrai donato. Questo è il legame tra Laura e Mario. Complimenti!

Ma, gente, la vita non è vita se non viene sperimentate nell'originalità del proprio sentire. Questo vale per tutti!

"Qualcuno pensa che io sia costretto a sopravvivere? No, io vivo" dichiara Mario Ponti

Abbiamo fatto notevoli progressi in ogni campo senza imparare a guadare certe realtà con gli occhi della speranza e non con quelli del pessimismo. In fondo, le grandi scoperti e i progressi compiuti finora nel campo dell'integrazioni sono opera di che ha saputo pensare alla grande.

La conquista più importante, una delle più difficili è ignorare ciò che gli altri dicono di noi. Come sta facendo Mario, testimoniando con la sua fierezza come si possa correre in campo in carrozzella e continuare a coltivare una passione che nessuno potrà portargli via: il calcio. Nulla muore, tutto si trasforma si evolve, la nostra vittoria è quella di riuscire ad adeguarci alle sorprese della vita, concentrandoci su quello che abbiamo e non su ciò che manca per guardare le luci e non solo le ombre.

La vita si può "ripensare" e "ristrutturare" facendo leva sulle nostre risorse, sui nostri pensieri positivi.

Per essere indifferenti ai giudizi degli altri, però, è necessario conquistare la stima di noi stessi, come diceva il ragazzo del racconto di prima. Quando era fragile, identificò le parole dell'uomo insensibile , "una pugnalata" ma quando aveva conquistato l'amore per se stesso, non teneva più conto dei giudizi altrui. E' quello che avviene quotidianamente nella vita di ognuno di noi. Sì, perché ognuno di noi a volte vive situazioni di disagio e di esclusione dal contesto in cui si vive, familiare o sociale che sia. Per realizzarci dobbiamo accettarci, capire che non tutti gli uomini possono avere le stesse caratteristiche, amare noi stessi apprezzando i successi e non solo piangendo per le sconfitte.

Le parole hanno un suono ma anche un colore e spesso dipingono i nostri pensieri con tinte scelte non da noi ma di chi le pronuncia. Le nostre percezioni sono spesso collegate ai nostri stati d'animo e noi comprendiamo proprio quel messaggio che siamo disposti a cogliere in quel momento. Sono solo parole, eppure hanno un peso o una leggerezza. Dipende da chi li pronuncia e da chi li ascolta. A volte, però,sono le parole non dette a creare un legame tra gli esseri umani. La più grande conquista sarebbe quella di saper accendere le luci che uniscono un cuore all'altro. Solo con la grandezza del cuore si può percepire la verità, capire di cosa ha bisogno la persona in situazione di disagio. Ho conosciuto , nella mia carriera, molte persone lamentarsi più della mentalità grezza di certa gente insensibile che della stessa malattia. La madre di un dolcissimo bambino down era disperata per il pietismo con in cui le persone guardavano la sua creatura!

Ancora una volta mi complimento con Mario per il suo sapere essere davvero "superiore" alle inferiorità di miseri luoghi comuni, per ricordarci il valore di un uomo e della sua dignità.

NON TRAMONTERA' MAI
LA PRIMAVERA DEL
CUORE,
CORAGGIO MARIO,
POSSONO   TAGLIARE
L'ERBA, MA NESSUNO
RUBERA' I TUOI SOGNI

INTERVENTO DELLE ISTITUZIONI

Oltre a mettere in luce l'importanza della reazione positiva del paziente, questo libro vuole essere strumento per una richiesta di aiuto e di interventi adeguati verso chi vive in situazioni di disagio, L'ottimismo è importante, ma senza il sostegno concreto verso l'autonomia, qualsiasi ottimista diventerà presto pessimista.

Dalla mia quotidiana esperienza a contatto con dei giovani pazienti, ho capito il grande valore delle piccole cose, dei piccoli gesti. Molte volte la gente non si muove perché pensa subito alla cima della montagna, mentre dobbiamo ricordarci che ogni grande cammino inizia dai piccoli passi. Nella società della frenesia, purtroppo, tutti siamo occupati nelle corse quotidiane spesso riservate alla sopravvivenza materiale: fare i conti con il denaro, con il tempo che fugge e che non si può dedicare alle persone care, alle preoccupazioni e alle strategie per arrivare a fine mese, specialmente in questo periodo di crisi pressoché irreversibile. Per ognuno di noi, a volte è difficile fare i conti con le richieste della società.

Spesso nasce una sorta di isolamento da quelle che possono essere le preoccupazioni altrui, non necessariamente per egoismo o indifferenza ma proprio perché **"L'ALTRO"** è un pianeta diverso. Inoltre, non c'è paragone fra il sapere "in astratto" di un certo dramma e il vederlo con i propri occhi. Come diceva il grande e intramontabile poeta Dante Alighieri "le immagini hanno un potere fortemente impressionante".

Se un evento non viene personalmente vissuto, non si può capire nella sua vera essenza.

La solidarietà nasce dall' empatia, dalla capacità di ascoltare l'altro e di mettersi nei suoi panni. Non siamo tutti uguali, la sensibilità e l'altruismo sono doti e doni che appartengono ad alcuni e ad altri meno.

Non è raro vedere un povero regalare il poco che ha e il ricco rifiutare la sua partecipazione a qualsiasi forma di beneficenza e di aiuto.

Le grandi cose, invece, nascono sempre da quelle piccole. Cosa proponiamo, insieme a Mario, per rendere sempre più dignitosa la vita ai cittadini che vivono situazioni di disagio?

L'AIUTO DEI VERI AMICI

E 'COME IL VENTO

FRESCO NELLA CALURA

ESTIVA,

CERCA DI CANCELLARE

LE RUGHE DAL'ANIMA

E DI TOGLIERE I PESI

DAL CUORE.

VOLONTARIATO

Senza sollevare le istituzioni dalle proprie responsabilità, riteniamo sia molto importante avviare i giovani al mondo del volontariato, non solo per aiutare gli altri ma soprattutto per renderli consapevoli del valore della cittadinanza attiva.

Dai risultati di molte mie esperienze, in qualità di tutor, di ragazzi impegnati in vari percorsi socio-educativi presso il reparto di pediatria in cui lavoro., ho notato l'entusiasmo e il desiderio dei giovani di potersi rendere utili. Queste esperienze consolidano la loro autostima, li abituano a concorrere al processo di resilienza, ossia alla capacità di trasformare un evento traumatico in una occasione di crescita, nonostante la situazione di ovvio disagio.

Spesso si ha l'abitudine di lamentarsi per motivi banali, di alimentare il senso dell'insoddisfazione e del vuoto perché non ci accorgiamo di quello che abbiamo, forse solo quando siamo in pericolo incominciamo ad apprezzare il valore preziose della vita, con tutte le sue luci e le sue ombre. Il contatto con la malattia rende il giovane volontario consapevole del riconoscimento di alcune priorità, la salute e l'autonomia, valori magari dimenticati se non si scopre la possibilità anche della loro perdita.

Con molto stupore, da parte di genitori e insegnanti, si è scoperto che il contatto con i veri drammi dell'umanità rende il giovane volontario più coraggioso, più saggio e meno egoista.

In definitiva, si potrebbero potenziare su tutto il territorio nazionale, queste iniziative per una cooperazione in sinergia: da una parte si dà, dall'altra si prende.

NESSUNA FATICA E'
PERSA,
IL SEME DELLA BONTA'
DEVE ESSERE
COLTIVATO
ALTRIMENTI NON SARA'
MAI RACCOLTO.

IL RISPETTO

Altra considerazione importante, anzi condizione indispensabile: rispettare gli altri, specialmente i più bisognosi. Sembra scontato, ma non è così.

Mario ci ha ricordato, durante il nostro incontro, come sia difficile trovare un parcheggio perché i posti riservati ai disabili spesso sono abusivamente occupati.

In una società civile ed evoluta non dovrebbe esistere nemmeno l'ombra di questo pericolo. Ma vi siete messi nei panni dell'atro? Io ho un cugino malato di sclerosi multipla e certi suoi racconti in merito agli spostamenti, con i mezzi pubblici e non, sembrano davvero paradossali. Pensate se un disabile è solo, senza familiari che si occupino di lui e con uno assegno di accompagnamento ai limiti della sopravvivenza!

Come dicevo prima, la vita frenetica fa perdere all'essere umani il senso dell'esistenza spirituale, nelle grandi città non esistono sufficienti parcheggi e allora anche un santo ha la tentazione di ricorrere a stratagemmi di questo tipo: usare il cartellino del parente ammalato per poter parcheggiare più in fretta.

In realtà, i cittadini non solo pagano ma spesso si sacrificano senza ottenere in cambio servizi efficienti, neanche tra quelli essenziali, come i parcheggi.

Sempre su suggerimento di Mario, si potrebbe proporre alle società di calcio di devolvere un minimo contributo all'acquisto di mezzi motori per i disabili.

Una goccia è piccolissima, quasi inesistente, invisibile, ma i mari e i continenti sono fatti di minuscole gocce, come i granelli di sabbia formano le spiagge, come le piccole e grandi stelle il firmamento.

Non voglio diventare retorica, sottolineando il fatto già scontato:si spendono tanti soldi per cose inutili ma si fa fatica a sostenere la sopravvivenza dell'essere umano. Tanti genitori dei nostri pazienti disabili si lamentano per la lotta continua con le istituzioni affinché i propri figli possano usufruire delle previste ed adeguate strutture per il loro inserimento nel mondo scolastico. Ciò che dovrebbe essere un diritto acquisito , spesso, diventa un sogno da realizzare. Nel mondo c'è posto per tutti, non possiamo usurpare questo diritto a nessuno.

NON SONO I DIAMANTI

MA LE PERSONE BUONE

I VERI VOLTI DI LUCE

TRA LE BUIE CAVERNE

DELLA TERRA.

MARIO PONTI: UN GRANDE ESEMPIO DI RESILIENZA

Il termine *"resilienza"* viene preso in prestito dal mondo della metallurgia ed indica la capacità di un materiale di riconquistare la propria struttura dopo essere stato schiacciato e deformato.

Nel campo umano significa non solo la capacità degli individui di resistere in atteggiamento passivo, bensì di reagire alle sconfitte, ai danni, alle ingiustizie della vita con la forza di rialzarsi, trovando una via di scampo alle difficoltà.

La persona resiliente non è un supereroe, ma è disponibile al cambiamento, alla rinuncia e all'accettazione. Il sole tramonta ma poi sorge ancora, questo è il loro motto.

Certo, non si può mistificare la realtà, rifiutando di capire il danno ma si può correggere la rotta per migliorarlo.

Per favorire in noi il processo di resilienza è fondamentale essere ottimisti, avere la disposizione a cogliere il lato buono delle cose. Gli ottimisti cercano di sdrammatizzare gli eventi negativi e a sfruttare le proprie risorse per trovare varie soluzioni ai problemi della vita.

E' molto importante, come ho detto in precedenza, avere anche un alto livello di autostima e fiducia nelle proprie capacità. Le persone con un basso livello di autostima, infatti, corrono più facilmente il rischio di sviluppare situazioni depressive.

Inoltre, si diventa resilienti se si ha il coraggio di chiedere aiuto quando serve.

CI SARA' SEMPRE IL

DOLCE CANTO

DELLA SPERANZA

A CANCELLARE LE NOTE

STONATE

DAL CONCERTO DELLA

VITA.

"Esiste nella nostra civiltà" scrive Pietro Trabucchi "almeno un ambito che potrebbe promuovere in modo strutturale la resilienza ed è quello dello sport. Non sicuramente quello dello sport - spettacolo, dei 9 calciatori miliardari inclini all'alibi e alla lagnanza, non quello delle scorciatoie e del doping... Un giorno, per errore, entrai in un locale e vidi un atleta disabile che si stava da solo sciolinandosi gli sci. Era privo di ambedue le mani. Con un moncone teneva fermo lo sci sul ponte, con l'altro faceva scivolare il ferro da stiro per sciogliere la sciolina."

Posso riportare una mia esperienza personale, a proposito per confermare la validità della teorie di Trabucchi. In realtà, un caro amico di famiglia, colpito da retinite pigmentosa, malattia che compromette in modo abbastanza serio la vista, grazie alla sua passione per le corse, continua a correre tutte le mattine, partecipando anche ad alcune gare agonistiche. E' sempre sorridente, solare, ama la compagnia , ama soprattutto se stesso.

Così come il nostro Mario, sempre grande!

Sì, Mario Ponti è ancora un grande esempio, ha avuto il coraggio di correre in carrozzina sul campo.

Il mondo dello sport estremizza le difficoltà, richiede un continuo spirito di sacrificio e per questo motivo è un mondo che si adatta a migliorare la resilienza.

Mario è capace di attuare degli adattamenti sia emotivi sia fisici per vivere una vita felice e confortevole nonostante la disabilità. Dal suo racconto, ho capito che l'aspetto più difficile è accettare la prognosi. Mario, dopo l'inevitabile sgomento iniziale, ha cercato di concentrare i propri sforzi su come mantenere uno stile di vita decoroso rinunciando a sentirsi sconvolto per il modo in cui sono andate le cose.

Questo è l'atteggiamento di chi vuole scoprire tutte le possibilità per potersi aspettare sempre "il meglio". Dedica tempo ai ricordi del passato, ma cerca di svolgere attività che lo aiutino a pianificare il futuro: il lavoro, gli affetti e l'inevitabile passione per il calcio. Cerca di essere felice, nonostante le preoccupazioni e non dipende dagli stimoli esterni per essere interiormente appagato, ma si assume le proprie responsabilità. La sua disabilità non lo ha portato all'isolamento. Approfitta di ogni occasione per uscire e sperimentare cose nuove. Esce con gli amici, la compagna, vuole fare un viaggio. Si concentra sempre sui punti di forza e non su quelli di debolezza e ci dimostra che l'individuo non è la sua disabilità, essa è una condizione della sua vita che può fornirgli nuovi strumenti di conoscenza di se stesso e delle relazioni umane. Sono proprio questi i contesti adatti a rivelarci chi sono i veri amici.

LA VOCE DEL VERO
AMICO
E' COME L'ACQUA
QUANDO DISSETA
I DESERTI DELLA
SOLITUDINE,
E' L'ORMA CHE TI
ACCOMPAGNA
A CERCARE NUOVE
RICCHEZZE NEL
GREMBO DELLA VITA.

Mario vuole sempre dare un senso alla vita.

Concludiamo questo lavoro affidandoci ad un sogno: migliorare la qualità della vita delle persone che attualmente vivono in situazioni di disagio.
I sogni sono le ali della vita, sollevano i pesi dalla terra per trasformarli in piume verso il cielo. Tutte le piu' grandi invenzioni sono nate da un pensiero o da un sogno.
Il valore della vita è inestimabile, il nostro impegno è quello di apprezzarla e valorizzarla, al di là dei limiti e delle malattie. Il cammino è ancora lungo, ma non arrendiamoci: incominciamo a cogliere i fari nella notte. In realtà, "il vincitore" non ha mai paura, cerca oasi nel deserto, cerca campi di girasoli, vede una sola stella nel cielo ed il suo cuore non ha piu' paura. Affidiamoci alla speranza.

"La speranza è come la primavera nelle terre brulle, è l'abbraccio della vita che non potrà mancare, è la voce del cuore che non potrà mai tacere."

Elisabetta Turano

Grazie a Mario per il suo inno alla vita;

ai suoi familiari, faro e guida del suo cammino;

a Iaura per averci rivelato il vero volto dell'amore;

al mio amico Marciano Famiglietti per la sua straordinaria sensibilità ed il suo impegno intellettuale e sociale.

Elisabetta Turano

Da giocatore la nazionale giovanile e la A con
il Genoa. Da "Grande"
i sintomi e poi la sentenza: sclerosi multipla".
Ora è un tecnico
e fa pure il DS. "Potevo chiudermi in casa,
invece ho scelto di dare battaglia"

il calcio come terapia. "Ho la sclerosi multipla lento-di-
generativa, ma alla mattia non la do vinta e continuo ad-
allenare il pallone è la mia miglior medicina": Mario Pon-
... cinquant'anni, ex calciatore, oggi tecnico e direttore
sportivo della Pegliese, squadra genovese nel campio-
nato dilettanti di prima categoria ... va in campo su uno
"scooterino" elettrico. "Non è una carrozzina", precisa. Si

MALATO DI CALCIO

Dalla tv anche Fabio Volo dirotta qui il DC-9 Mundial

ATTESA PER LA DECISIONE Punta su Volandia come Cabrini e Gentile
Aumentano le firme nella petizione lanciata da Aeroporti lombardi

L'interno del celebre DC-9 presidenziale ora fermo a Fiumicino

MALPENSA - Alle 18 di ieri le firme erano già 280. Ma il numero continua a crescere di ora in ora.

Sono i sostenitori della petizione pubblicata su Change.org per convincere Alitalia ad assegnare a Volandia il DC-9-Mundial. Cioè l'aereo dell'Aeronautica militare (oggi di proprietà dell'ex compagnia di bandiera) che nella magica estate del 1982 riportò in Italia la Nazionale di calcio campione del mondo. Emblematica resta l'immagine del presidente della Repubblica Sandro Pertini che gioca a scopa insieme con il capitano Dino Zoff, il commissario tecnico Enzo Bearzot e il "Barone" Franco Causio. Per la cronaca vinse-ro la partita proprio questo ultimo due e il presidente parteciparono per avere sbagliato a giocare un seltz, pendendo così la possibilità di fare primiera. A dir la verità aveva ragione Zoff, ma per rispetto e timore reverenziale nei confronti di Pertini nessuno osava ripren-dere.

Ma al di là del risultato fu una partita passata alla storia, documentata l'immagine di un Paese unito, orgoglioso e vincente. Ecco perché demolire oggi - o una delle possibilità - il velivolo che portò in Italia la Coppa del mondo trenta-quattro anni fa significa can-

Hashish in valigia e ovuli di eroina
Donna arrestata di ritorno da Delhi

MALPENSA - È furbo! Io aveva abilmente nascosto le due...

Gli scooter elettrici di Expo a Malpensa
Presentati i mobility che ora sono a disposizione di disabili e anziani

MALPENSA - (g.c.) Chi è solito spostarsi in aereo sa che la distanza tra i gate di un aeroporto e il punto è sempre lunga...

I mobility utilizzati a Expo ora sono disponibili all'aeroporto di Malpensa

Cercansi scrutatori

SAMARATE - (m.be.) Forse non tutti sanno che do-menica 17 aprile gli elettori saranno chiamati al vo-to sul referendum sugli idrocarburi...

«Cent'anni, nonna Lucia è in formissima»

Lucia Lombardi con don Galluzzi e il sindaco Bellaria

SOMMA LOMBARDO - (g.c.) Gli auguri del sin-daco Stefano Bellaria a nome di tutta la comunità...

Finito di stampare nel mese di Marzo 2016

www.ingramcontent.com/pod-product-compliance
Lightning Source LLC
Chambersburg PA
CBHW060432290526
45791CB00002B/936